Benjamin Blümchen™
IM GARTEN

Klaus-P. Weigand

ISBN 3-8212-2630-7

Lizenz durch KIDDINX Merchandising GmbH,
Winterhuder Weg 29, 22085 Hamburg
www.benjaminbluemchen.de
Verantwortlich für diese Ausgabe:
XENOS Verlagsgesellschaft mbH
Am Hehsel 40, 22339 Hamburg
Text: Klaus-P. Weigand
Illustration und Produktion:
COMICON S.L., Barcelona
Titelgestaltung: Traute Frost
Printed in Italy

Inhalt

Hallo, Kinder!

Stellt euch vor: Otto und ich werden uns wieder einmal um den Garten von Herrn Tierliebs Tante Hilde kümmern. Die muss nämlich dringend ein paar Tage verreisen. Die Gartenarbeit macht uns beiden bestimmt viel Spaß!

Habt ihr Lust dabei zu sein?
Ja? Na, dann los!

Euer Benjamin

GÄRTNER GESUCHT!

Aufgeregt kam Herr Tierlieb über die Zoowiese zu Benjamins Elefantenhaus gelaufen. „Benjamin!“, rief er, „Otto!“ Benjamin und Otto schauten sich fragend an. Hoffentlich war nichts passiert! „Was ist denn los, Herr Tierlieb?“, fragte Benjamin. „Gibt’s was Schlimmes? Sie sind ja so aufgeregt!“ „Aber nein!“ Herr Tierlieb winkte ab. „Es ist nur wieder einmal alles ganz eilig!“ „Was denn?“, fragten Benjamin und Otto gleichzeitig. „Meine liebe Tante Hilde hat gerade angerufen“, erklärte Herr Tierlieb. „Sie muss noch heute verreisen und lässt euch beide fragen, ob ihr ein paar Tage, solange sie weg ist, ihren Garten pflegen könnt!“ Benjamin und Otto strahlten Herrn Tierlieb an. „Wirklich?“, fragten sie

ungläubig, und Herr Tierlieb nickte mit dem Kopf: „Wirklich!“ Er schaute von einem zum andern: „Soll das heißen, dass ihr wollt?“ „Oh ja!“, lachte Benjamin. „Das kann man so sagen, oder Otto?“

Auch Otto wollte – und wie! Ein paar Tage in Tante Hildes Garten Gärtner sein, das war genau nach ihrem Geschmack. Und schon ging es los: Ruck, zuck packten sie die nötigsten Sachen ein. Benjamin zog schon einmal seine Gärtnerschürze an und setzte seinen Gärtnerhut auf. Dann machten sich beide auf den Weg.

Tante Hildes Garten

Tante Hilde freute sich sehr, Benjamin und Otto wieder einmal zu sehen: „Oh, wie schön, dass ihr Zeit habt!“, rief sie. „Kommt mal gleich mit in den Garten. Ihr werdet staunen!“ Und das taten Benjamin und Otto auch. Denn Tante Hilde ist eine sehr gute Gärtnerin und

das sieht man ihrem Garten zu jeder Jahreszeit an. „Frau Hilde", rief Benjamin am Gemüsebeet, „Ihre Tomaten sind ja riesig groß und leuchten wie rote Laternen!" Tante Hilde war der Gärtnerinnenstolz anzusehen.

„Oh ja, Herr Blümchen", sagte sie, „das stimmt. Ich habe da auch so mein Geheimnis mit den Tomaten." Sie winkte Benjamin und Otto nahe zu sich heran: „Mit den Tomaten muss man immer sprechen! Mehr noch als mit den anderen Pflanzen", flüsterte sie. „Sie brauchen nicht nur viel Wasser, sondern auch Unterhaltung!" Benjamin und Otto versprachen, sich das zu merken.

Ein schwieriger Nachbar

„Aua!", rief plötzlich jemand laut hinter Tante Hildes Gartenzaun. Und dann: „So eine Unverschämtheit!" Tante Hilde verdrehte die Augen: „Das ist mein Nachbar, Herr Schönfeld!", sagte sie. „Bestimmt ist wieder ein Apfel vom Baum gefallen." Genau so war es. Von Tante Hildes Apfelbaum ragte ein

langer Ast über den Zaun hinüber in den Garten des Nachbarn, der genau darunter einen Liegestuhl aufgestellt hatte.

Tante Hilde, Benjamin und Otto schauten hinüber zu Herrn Schönfeld. „Ist etwas passiert?", fragte Tante Hilde, und Herr Schönfeld machte ein grimmiges Gesicht. „Fast, Frau Nachbarin, fast!", sagte er und deutete auf einen Apfel, der neben dem Liegestuhl auf dem Rasen lag. „Der hätte mir auf den Kopf fallen können!" Benjamin und Otto begrüßten Herrn Schönfeld, aber der schien gar nicht hinzuhören. „Der Baum muss weg!", rief er, und Tante Hilde konnte es sich nicht verkneifen, einmal laut zu seufzen. „Wie wäre es denn, wenn Sie die Äpfel pflücken", schlug Benjamin vor. „Dann können sie Ihnen nicht auf den Kopf fallen." Aber davon wollte Herr Schönfeld nichts wissen. „Das ist mir viel zu viel Arbeit", rief er, „und außerdem esse ich keine Äpfel! Niemals!"

Auch als Otto ihm vorschlug, für ihn die Äpfel zu pflücken, schüttelte er den Kopf: „Niemand betritt meinen Rasen!", rief er. Da wurde es Tante Hilde zu bunt: „Sie schimpfen immer nur! Ihr Riesenbusch nimmt mir die Sonne weg, aber ich beschwere mich nie!"

Noch einmal musste Tante Hilde seufzen. „Nein, Herr Schönfeld ist wirklich kein einfacher Nachbar!"

Kleine Gärtnersorgen

Allerdings machte ihr der Apfelbaum auch Probleme: „Auf meiner Seite fallen seine Blätter und Früchte immer in den

Teich", sagte sie. „Aber soll ich ihn deshalb wirklich fällen?" Noch ehe Benjamin und Otto ihr antworten konnten, hatte sich Tante Hilde bereits verabschiedet, denn sie musste sich beeilen.

Sofort machten sich Benjamin und Otto daran, die Pflanzen zu gießen. Dabei entdeckte Benjamin

eine wunderschöne rote Rose, die den Kopf hängen ließ. „Nanu? Was ist denn mit dir los?", fragte er und streichelte mit seinem Rüssel zärtlich ihre Blätter.

„Um dich werde ich mich ganz besonders kümmern!"
An der Hauswand entdeckte Benjamin einen kleinen Riss im Mauerwerk und hatte sofort eine Idee: War da nicht noch eine Bohne in der Tasche seiner

Gärtnerschürze? Genauso war es! Er steckte die Bohne vor dem Riss in die Erde und goss sie an.

„Wir müssen noch mit den Tomaten reden!", rief Otto, als er und Benjamin mit dem Gießen fertig waren. Beide legten sich auf die Wiese vor die Tomaten und Benjamin wollte gerade

anfangen den Tomaten eine Geschichte zu erzählen, da machte Otto eine Entdeckung:

Wolkentiere

„Schau mal, Benjamin, da oben die Wolke! Sie sieht ja aus wie…" „Ja", rief Benjamin begeistert, „… genau wie Nino Nilpferd!" Das stimmte tatsächlich. Sofort begannen sie, noch

weitere „Wolkentiere“ zu suchen, natürlich ohne dabei die Tomaten zu vergessen. „Schaut mal, Tomaten“, rief Otto und deutete auf eine andere Wolke, „diese Wolke sieht genau aus wie unsere Gerda Giraffe!“ „Und die Wolke da vorne“, rief Benjamin, „sieht aus wie Alina Affe, wenn sie sich an einem Arm von ihrem Kletterbaum hängen lässt.“ Benjamin und Otto gackerten vor Freude. Und sie waren sich ganz sicher: Den Tomaten machte es bestimmt genauso viel Spaß wie ihnen!

Wer erkennt diese Wolkentiere?

Benjamin und Otto haben es sich in Tante Hildes Garten gemütlich gemacht. Sie schauen nach Wolken, die aussehen wie Tiere aus dem Zoo. Findest du auch „Wolkentiere“?

Auflösung:
Wenn du genau hinschaust, kannst du einen Löwen, einen Strauß, eine Schildkröte, einen Pinguin und ein Kamel sehen.

Vorsicht, Äpfel!

Tante Hildes Nachbar, Herr Schönfeld, macht sich Sorgen, dass ihm die Äpfel auf den Kopf fallen, wenn er gemütlich in seinem Liegestuhl liegt. Kannst du herausfinden, wie viele Äpfel auf seiner Seite hängen?

Auflösung:
Genau 20 Äpfel hängen auf Herrn Schönfelds Seite.

Ein Besuch im Zoo und viele gute Ideen

Am nächsten Morgen frühstückten Benjamin und Otto natürlich im Garten. Das gefiel ihnen ganz besonders gut: „Hm, wie es hier duftet! Und wie schön die Vögel singen!“, sagte Otto, und Benjamin nickte: „Da schmeckt das Frühstück gleich doppelt so gut!“ Benjamin hatte sich etwas überlegt: „Du, Otto“, sagte er, „ich gehe jetzt mal in den Zoo. Ich muss dringend ein paar Sachen holen.“ Er lächelte. „Aber du darfst mich nicht fragen, was ich holen will. Ist nämlich eine Überraschung!“

Otto nickte. „Na gut“, antwortete er, „ich kann ja inzwischen den Rasen mähen!“ Aber Benjamin schüttelte den Kopf: „Das ist keine so gute Idee“, sagte er nachdenklich, „mach doch lieber was anderes!“

„Na gut“, überlegte Otto, „dann kümmere ich mich um den Apfelbaum.“ „Nein!“, rief Benjamin erschrocken. „Das ist auch keine gute Idee, Otto!“ Benjamin machte es wirklich spannend.

Geheimnisvoller Zoobesuch

Kurze Zeit später war Benjamin im Zoo und stapfte geradewegs in den Geräteschuppen von Wärter Karl. Dort suchte er verschiedene Sachen zusammen: ein großes, altes Netz, eine lange Bambusstange und ein Stück festen Draht. Dann lief er hinüber in sein Elefantenhaus und packte seine Schirmmütze ein. Schließlich ging er in den Streichelzoo und begrüßte die Tiere.

„Fleckchen!“, rief er, und sofort kam das süße Schäfchen zu ihm gelaufen. „Hast du Lust

mit mir spazieren zu gehen?“ Fleckchen machte vor Freude einen Luftsprung und schon marschierten sie los.

Wie ein Schafhirte führte Benjamin Fleckchen zu Tante Hildes Garten; aber diesmal nahm Benjamin einen anderen Weg als gestern mit Otto, nämlich durch die Felder. An einem Maisfeld blieben beide stehen. „Zum Irrgarten“ stand auf einem Schild, das auf einen Weg zwischen den hohen Maispflanzen deutete. „Ein Irrgarten im Maisfeld? So was habe ich ja noch nie gesehen!“, staunte Benjamin. „Das muss ich unbedingt Otto zeigen!“

Ein tierischer Rasenmäher

Otto staunte nicht schlecht über die Sachen, die Benjamin aus dem Zoo mitgebracht hatte. Am einfachsten war es für Otto zu erraten, warum Benjamin Fleckchen mitgebracht hatte. „Für den Rasen natürlich!“, rief Otto begeistert. „Fleckchen ist der beste Rasenmäher der Welt!“ „Mäh!“, antwortete Fleckchen und begann begeistert den Rasen zu futtern.

„Aber wofür sind denn die anderen Sachen, die du mitgebracht hast, Benjamin?“, wollte Otto wissen. „Wirst du gleich sehen!“, antwortete Benjamin lachend. „Komm, hilf mir mal beim Zusammenbauen.“

Fröhliche Apfelernte

Ruck, zuck war an der Bambusstange eine feste, kreisrunde Drahtschlinge befestigt, an die sie Benjamins Schirmmütze hängten. Otto schüttelte den Kopf: „Ich habe immer noch keine Ahnung, was das sein könnte!“ Benjamin lachte: „Ich zeige es dir, Otto.“ Benjamin ging zum Apfelbaum und hielt die Bambusstange so in die Höhe, dass ein Apfel in seiner Mütze verschwand.

„Jetzt aufgepasst, Otto!“, schmunzelte er und rüttelte ein wenig unten an der Stange. Schon landete der Apfel direkt in Benjamins Schirmmütze. „Das ist eine Apfelpflückmaschine!“, sagte Benjamin stolz. „Damit kann Herr Schönfeld die Äpfel vom Baum pflücken, ohne auf eine Leiter zu steigen!“

Neugierig kam Herr Schönfeld an den Gartenzaun gelaufen und Benjamin zeigte ihm seine Erfindung. Aber Herr Schönfeld wollte nichts davon wissen. „Das ist mir viel zu umständlich“, sagte er, „und außerdem sind

das nicht meine Äpfel!" Da hatte Benjamin eine Idee: „Wir könnten von unserer Seite aus mit der Pflückmaschine die Äpfel auf Ihrer Seite ernten", sagte er, „dann können sie Ihnen nicht mehr auf den Kopf fallen!" Und Otto ergänzte: „Und das ohne Ihren Rasen zu betreten!" Damit war Herr Schönfeld einverstanden, und Benjamin und Otto machten sich an die Arbeit. Mit Benjamins Apfelpflückmaschine machte es

richtig Spaß und schon bald war ein großer Korb mit wunderschönen Äpfeln gefüllt. „Jetzt will ich aber endlich wissen, wofür du das Netz mitgebracht hast!", sagte Otto. Benjamin schmunzelte: „Hoho! Das ist die Apfelrutsche für die Äpfel auf unserer Seite!" Schnell war das Netz oben am Stamm des Apfelbaumes festgebunden. Dann spannten Benjamin und

Otto es über den Teich und machten es am Boden fest. Gerade waren sie fertig, da fiel ein Apfel vom Baum und kullerte das Netz hinunter, direkt vor Ottos Füße. „Super, Benjamin", lachte Otto und hob den Apfel auf, „da wird sich Tante Hilde freuen!" „Und der schöne Apfelbaum muss nicht gefällt werden!", sagte Benjamin.

Natürlicher Dünger

„Mäh!", rief Fleckchen, und Otto sagte: „Auweia! Beinahe wäre ich hineingetreten!" Fleckchen hatte etwas fallen lassen. Otto wollte es gerade wegräumen, da nahm Benjamin ihm die Schaufel ab: „Halt, Otto! Darauf habe ich gewartet! Das ist der Dünger für unsere Rose, die den Kopf hängen lässt!" Benjamin düngte die Rose mit Fleckchens Hinterlassenschaft und sprach freundlich mit ihr, während Otto den Korb mit den Äpfeln ins Haus trug.

Apfelmus!

„Was machen wir denn mit den Äpfeln?“, rief Otto Benjamin zu. Benjamin hatte sich das schon genau überlegt: „Gibt’s was Besseres als Apfelmus? Das schmeckt nicht nur, das ist auch gesund!“ Und so verging der Rest des Tages mit Apfelmuskochen.

Es war ein ereignisreicher Tag gewesen. Als die ersten Sterne am Himmel aufblitzten, setzten sich Benjamin und Otto, zum Abschluss des Tages, auf Tante Hildes Hollywoodschaukel und blinzelten zu ihnen hinauf.

„Wie schön so ein Garten ist!“, sagte Benjamin. Otto hatte gerade genau das Gleiche gedacht. „Mäh!“, machte Fleckchen leise und kuschelte sich dazu.

Benjamins Apfelmus

Benjamin und Otto machen Apfelmus. Benjamin hat ganz Recht: Das schmeckt nicht nur prima, sondern ist sogar richtig gesund. Willst du auch eins machen? Dann frage deine Eltern, ob sie dir helfen!

Hier ist das Rezept:

750 g Äpfel waschen und von einem Erwachsenen (!) in kleine Stücke schneiden lassen. Dabei die Stiele abmachen. Nun gibst du 5 Esslöffel Wasser in einen Topf und schüttest die Äpfel dazu. Bei mittlerer Wärme die Äpfel kochen und immer schön rühren, damit nichts anbrennt. Dann den weichen Brei durch ein Sieb drücken und 100 g Zucker dazugeben. Schon fertig! Hmmm!

Wo sind die Tiere?

Benjamin und Otto haben es sich auf der Hollywoodschaukel gemütlich gemacht. Aber sie sind nicht allein. Viele Tiere sind um sie herum im Garten.

Wieviele sind es?

Auflösung:
Es sind insgesamt 11 Tiere: Maulwurf, Apfelwurm, Schnecke, 2 Frösche, Maus, Eule, Schmetterling, Vögelchen, Fledermaus und Fleckchen das Schaf.

SARAHS TRICK MIT DEM „PLOPP“

Am nächsten Morgen wurden Benjamin und Otto durch lautes Husten geweckt. „Nanu“, sagte Benjamin, „wer hat sich denn da so erkältet?“ Er und Otto stiegen aus den Betten und schauten aus dem Fenster. Da hustete es wieder. Tatsächlich! Es war Nachbar Schönfeld! Mit einem dicken Schal um den Hals stand er im Garten und schaute nach seinen Blumen.

„Komm, Benjamin“, rief Otto, „wir gehen zu ihm! Vielleicht können wir ihm helfen.“

Herr Schönfeld ist krank

Kurz darauf standen Benjamin und Otto am Gartenzaun und fragten Herrn Schönfeld nach seinem Befinden. Der Ärmste konnte kaum sprechen. „Keine Ahnung, wo ich mich so erkältet habe!“, krächzte er leise und

musste gleich wieder husten. „Ich würde alles tun, um die Erkältung loszuwerden!“ Da hatte Benjamin eine Idee: „Wirklich alles, Herr Schönfeld?“, fragte er, und Herr Schönfeld nickte. „Otto und ich haben eine ganz besondere Medizin für Sie! Aber Sie müssen versprechen sehr tapfer zu sein!“ Das versprach Herr Schönfeld.

Benjamins Wundermittel

Benjamin lief in die Küche und füllte einen ganzen Teller mit dem Apfelmus, das Otto und er am Abend zuvor zubereitet hatten. „Nicht verraten, dass es Apfelmus ist“, flüsterte Benjamin Otto zu, „sonst isst er es nicht!“ Dann reichte er Herrn Schönfeld

Geschmack kenne ich gar nicht. Was ist denn da Gutes drin?“

So gut schmecken Äpfel!

Erst als Herr Schönfeld das Mus bis zum letzten Löffel aufgegessen hatte, erklärten Benjamin und Otto, dass es sich um Apfelmus aus den geernteten

den Teller. „Das ist wirklich eine sehr gute Medizin“, sagte Otto zu Herrn Schönfeld, „dieses A... ähm, dieses Mus ist sehr gesund, weil es so viel Vitamin C hat.“ Herr Schönfeld probierte sofort einen Löffel voll. „Hmm“, sagte er überrascht, „schmeckt ja ausgezeichnet! Diesen

Äpfeln handelte. Herr Schönfeld konnte es gar nicht glauben: „So gut schmecken Äpfel?“, staunte er. „Da war ich ja dumm, dass ich jahrelang keine gegessen habe!“ Benjamin verordnete dem Nachbarn jetzt Ruhe: „Legen Sie sich in den Liegestuhl und entspannen Sie!“ Genau das tat Herr Schönfeld.

Der Bohnenspross

Nachdem Benjamin und Otto gefrühstückt hatten, kümmerten sie sich um den Garten. Otto goss die Tomaten und sprach mit ihnen, während Benjamin nach der Bohne schaute, die er in die Erde gesteckt hatte. „Otto“, rief er aufgeregt, „komm schnell!“

Tatsächlich! Aus der Erde ragte ein grüner Spross heraus, der sich neugierig zur Sonne streckte. „Unsere Bohne!“ Benjamin war sehr stolz. „Du bist ein richtiger Gärtnermeister!“, lachte Otto, und Benjamin strahlte über das ganze Gesicht. „Mäh!“, rief es da und Fleckchen stand hinter ihnen. Es hatte heute etwas länger geschlafen.

Benjamin und Otto streichelten es und Benjamin zeigte ihm die Bohne: „Nicht futtern, hörst du?“ „Mäh!“, antwortete Fleckchen und Benjamin wusste, dass es genau verstanden hatte.

Abenteuer im Maisfeld

Nachdem auch alle anderen Pflanzen versorgt waren, wollte Benjamin Otto unbedingt seine Entdeckung zeigen. „Komm, Otto", sagte er, „wir machen einen kleinen Spaziergang zum Feld." Kurz darauf standen sie vor dem Maisfeld. Auch Otto war begeistert. „Das ganze Maisfeld ist ein Irrgarten?", staunte er. „Hoffentlich verlaufen wir uns nicht darin!" Genau in diesem Augenblick stand ein Mädchen vor ihnen. „Hallo, Benjamin!", rief sie fröhlich. „Hallo, Otto!"

Es war Sarah. Benjamin und Otto kannten sie gut, denn sie schaute regelmäßig im Zoo

vorbei. „Das Maisfeld gehört meinen Eltern“, erklärte sie, „und ihr seid meine Gäste!“ Sie zog Benjamin und Otto in den Irrgarten hinein, und schon bald hatten sie sich verlaufen. Hier ging es nicht weiter und auch dort war eine Sackgasse. Also gingen sie den Weg zurück. Aber hier waren sie

doch schon einmal gewesen! Benjamin, Otto und Sarah mussten sehr lachen, als sie immer wieder an der gleichen Stelle herauskamen. „Ich glaube, hier finden wir nie mehr heraus!“, meinte Benjamin. Aber sie hatten ja Sarah dabei. Sie kannte den Irrgarten wie ihre Hosentasche und nach einer Weile kamen alle wieder wohlbehalten am Eingang heraus. „Na? Hat es Spaß gemacht?“, fragte Sarahs Mutter, die Bäuerin. „Und wie!“, meinte Benjamin. Er und Otto bedankten sich.

Sarahs Geheimtrick

Da fragte Sarah ihre Mutter, ob sie Benjamin und Otto den Trick mit dem Mais zeigen dürfte. „Aber natürlich!“, erwiderte diese freundlich und gab Sarah zwei trockene Maiskolben aus der Kiste, die zum Verkauf vor dem Feld aufgestellt war.

Sarah begleitete Benjamin und Otto nach Hause, zu Tante Hildes Haus. In der Küche goss sie etwas Öl in die Pfanne, ließ es heiß werden, löste die Maiskörner von den Kolben und legte sie in das Öl. „Schnell einen Deckel drauf!“, sagte sie.

Dann warteten alle. Plötzlich war ein „Plopp“ zu hören. Und da! Noch ein „Plopp“! Und noch ein „Plopp“, und dann „plopp-plopp-plopp“. Gerade wollte Benjamin fragen, was da unter

dem Deckel vor sich ging, da wurde der Deckel auf geheimnisvolle Weise von alleine hochgehoben. Heraus quoll jede Menge ...

Popcorn!

„Popcorn!", riefen Benjamin und Otto gleichzeitig. Es war ein Heidenspaß! „Nicht die Finger verbrennen!", warnte Sarah und gab das Popcorn in eine Schüssel. Hmm, wie das schmeckte! „Einfach toll, dein Trick, Sarah!", sagte Benjamin.

Da wurde plötzlich die Küchentür von außen aufgestoßen. „Mäh!", machte Fleckchen, und alle mussten herzlich lachen. „Natürlich kriegst du auch was ab!", schmunzelte Benjamin. Und auch Fleckchen schmeckte das Popcorn prima!

Wo geht es hinaus?

So ein Irrgarten im Maisfeld macht riesig Spaß.
Aber Benjamin und Otto haben sich verlaufen.
Zeigst du ihnen den Weg zum Ausgang?

Auflösung:

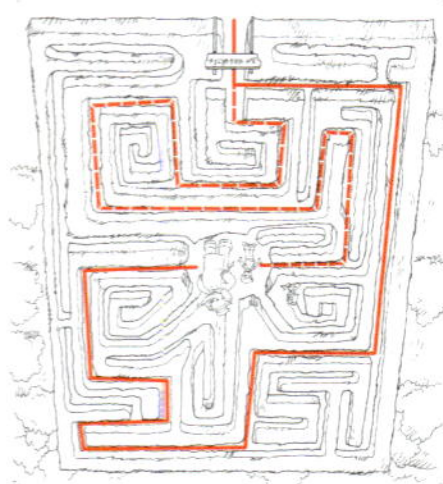

Gärtner-Spaß

Benjamin und Otto haben eine Bohne für Tante Hilde gepflanzt. Eine gute Idee, denn die Bohne ist eine prima Kletterpflanze. Hast du Lust auch eine zu pflanzen? Es ist ganz einfach!

Du brauchst einen Blumentopf und füllst Erde hinein.

Nun eine Bohne (möglichst frisch in einer Samenhandlung gekauft) in die Erde stecken, etwa einen Zentimeter tief, und angießen.

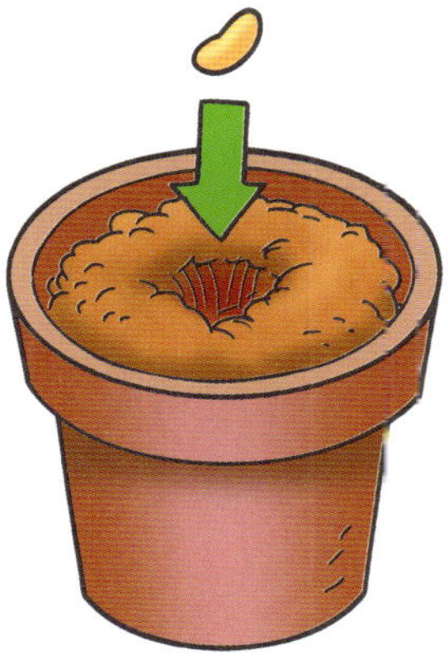

Nun brauchst du ein wenig Geduld! Nach ein paar Tagen kommt ein grüner Spross aus der Erde heraus und wächst und wächst ...

Glückliche Tante Hilde

Tags darauf standen Benjamin und Otto im Garten und staunten nicht schlecht. Herr Schönfeld, der Nachbar, hatte eine Zeltplane im Garten aufgespannt. So hoch, dass Benjamin und Otto nicht hinübergucken konnten. „Komisch!“, fanden Benjamin und Otto. „Gestern war er doch so freundlich zu uns, und heute will er uns nicht sehen?“, überlegte Otto. Außerdem waren seltsame Geräusche zu hören.

„Zickzack“, machte es immerzu im Nachbargarten und dann ganz schnell: „Zickzack-zick-zack-zickzack“. Benjamin und Otto schauten sich fragend an: „Sehr geheimnisvoll!“

Tante Hildes Rückkehr

Benjamin und Otto waren gerade mit dem Gießen aller Pflanzen fertig, da war ein fröhliches „Halli-hallo!“ zu hören. Plötzlich stand Tante Hilde im Garten. „Meine Güte, meine Rose!“, rief sie erstaunt. Benjamin und Otto liefen schnell zu ihr hin und begrüßten sie herzlich. „So schön war sie noch nie!“, sagte Tante Hilde voller Dankbarkeit, und wirklich, sie hatte Recht! Die Rose ließ ihren Kopf überhaupt nicht mehr hängen – ganz im Gegenteil:

Stolz ragte sie in die Höhe und war aufgeblüht. Benjamin schmunzelte: „Da hat unser Fleckchen mitgeholfen!“ „Fleckchen?“, fragte Tante Hilde. Da machte es hinter ihr „Mäh!“ und auch Fleckchen wurde von ihr herzlichst begrüßt.

Viele schöne Überraschungen

Nun fiel Tante Hildes Blick auf den Rasen: „Mit welchem Rasenmäher habt ihr das denn hingekriegt?“, wollte sie wissen. „Das war auch unser Fleckchen!“, antwortete Otto. Tante Hilde konnte es kaum glauben. „Viel besser als mein Rasenmäher!“, rief sie begeistert. „Und was ist das für eine schöne Kletter-

pflanze? Die wird ja bald den Riss in der Mauer verdecken!“ Otto erzählte, dass die Kletterbohne Benjamins Idee war, und Tante Hilde kam aus dem Staunen überhaupt nicht mehr heraus, auch als sie den Apfelbaum sah. „Das Netz über dem Teich“, fand sie, „ist wirklich eine praktische Idee!“

„Nicht gleich wieder schimpfen, Herr Nachbar", sagte sie, „das kann ich jetzt nicht gebrauchen."

Herr Schönfeld schaute sie mit großen Augen an: „Ich und schimpfen? Das will ich doch gar nicht!", sagte er. „Ganz im Gegenteil, ich möchte mich bedanken!" Tante Hilde, Benjamin und Otto trauten ihren Ohren nicht. „Wie bitte?", fragten sie gleichzeitig. Herr Schönfeld stellte sich in Positur, als wolle er eine kleine Rede halten.

Freundlicher Herr Schönfeld

„Oh, die Frau Nachbarin ist wieder zurück!", war da die Stimme von Herrn Schönfeld zu hören. Tante Hildes Gesicht verfinsterte sich schlagartig.

Eine kleine Dankesrede

„Ich möchte mich bedanken“, sagte er, „für die nette Nachbarschaft in den letzten Tagen, die Hilfsbereitschaft von Ihnen, Herr Blümchen, und natürlich auch von dir, Otto! Denn ohne euch beide wäre ich wahrscheinlich noch immer krank. Aber durch euer Apfelmus bin ich fit wie ein Turnschuh!“ Benjamin und Otto mussten lachen. Tante Hilde staunte über die plötzliche Veränderung ihres Nachbarn. Sie schaute ihn mit ungläubigen Augen an.

Ein eigener Apfelbaum

„Das Beste aber ist, dass ihr mir gezeigt habt, wie wunderbar Äpfel schmecken!“, fuhr Herr Schönfeld fort. „Wie dumm ich doch in den vielen vergangenen Jahren war! Aber damit ist es nun vorbei! Wenn Sie gestatten, Frau Nachbarin, pflanze ich einen eigenen Apfelbaum hier an den Gartenzaun, damit auch ich mir ein so leckeres und gesundes Apfelmus machen kann. Die Äpfel von Ihrem Baum, die herüberhängen, reichen mir auf keinen Fall!“ Natürlich war Tante Hilde damit einverstanden. Verblüfft schaute sie Benjamin und Otto an: „Was habt ihr denn nur mit Herrn Schönfeld gemacht? Er ist ja wie ausgetauscht! Das grenzt an ein Wunder!“

Herrn Schönfelds Dankeschön

Herr Schönfeld holte tief Luft, denn er war mit seiner

Ansprache immer noch nicht zu Ende. „Ja, Frau Nachbarin, ein kleines Wunder haben Herr Blümchen und Otto vollbracht, dieser Meinung bin ich auch, denn meine Erkältung ist wie weggeblasen! Genug der vielen Worte, hier ist mein Dankeschön!“, rief er, und mit einem kräftigen Ruck zog er die Zeltplane herunter, die er aufgespannt hatte. Dabei rief er: „Tatatataaaaa!“, und nun war zu sehen, warum aus Herrn Schönfelds Garten so lange das „Zickzack“ geklungen hatte.

Überrascht schauten Benjamin und Otto auf den Riesenbusch, über den Tante Hilde sich so oft geärgert hatte, weil der ihr die Sonne verdeckte. „Darf ich mein Riesengebüsch so stehen lassen, Frau Hilde? In dieser Form? Natürlich nur, wenn es Ihnen gefällt?!“, lachte Herr Schönfeld.

Die Skulptur

Alle waren sprachlos: Tante Hilde, Otto und auch Benjamin. Aber der fand als Erster die Worte wieder: „Das ... das bin ja ich!“, rief er. Und genau so war es. Herr Schönfeld hatte mit der Heckenschere aus dem Busch eine Skulptur geschnitten: Benjamin mit erhobenem Rüssel. „Mein Dankeschön!“, sagte er gerührt. Tante Hilde und Otto klatschten vor Begeisterung in die Hände. „Bravo“, rief Otto, „das ist ja ein richtiges Kunstwerk!“ Und Tante Hilde fügte hinzu: „So wie der Busch nun geschnitten ist, nimmt er meinem Garten keine Sonne mehr weg! Und immer sehe ich Sie, Herr Blümchen! Das ist einfach wunderbar! Vielen Dank, euch allen!“ Unter allgemeiner Begeisterung stellte sich Benjamin an den Zaun neben den Busch und hob den Rüssel. Jetzt sah er genau aus wie die Buschskulptur. „Töröőö!!!“

Das Erinnerungsfoto

Tante Hilde hat von diesem Ereignis ein Erinnerungsfoto geschossen, mit dem Selbstauslöser, damit auch alle mit drauf sind! Bei der Filmentwicklung haben sich Fehler eingeschlichen.

Findest du sie?

Auflösung:

Insgesamt sind es 10 Fehler: 2 Äpfel oben in der Mitte; Vogel; Schornstein im Hintergrund; Tante Hildes Hut; Benjamins Hutband; Gänseblümchen unten in der Mitte; Pflänzchen links hinten am Zaun und die Tasche auf Benjamins Gärtnerschürze; Knopf an Tante Hildes Bluse; Auslöser am Fotoapparat.

Herrn Schönfelds Traum

Tante Hildes Nachbar, Herr Schönfeld, träumt von leckeren Äpfeln und was man Gutes daraus machen kann. Aber in den Traum haben sich auch andere Obstsorten und ganz andere Dinge verirrt. Findest du sie?

Auflösung: Ananas; Banane; Rose; Gartenliege; Kaktus